JN408919

연필의 자화상

연필의 자화상

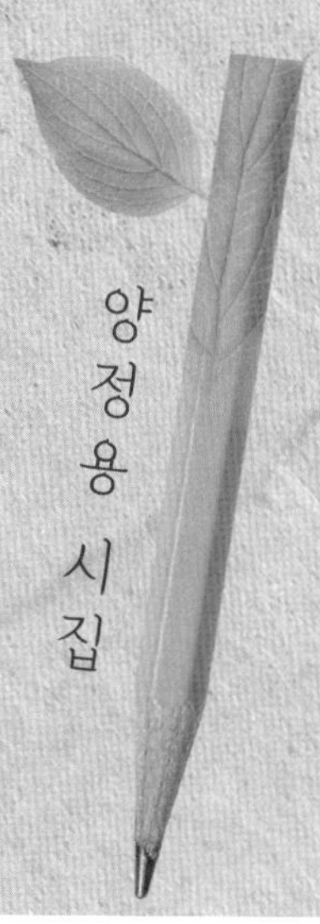

양정용 시집

도서출판 천우

시인의 말

가당찮게 성배를 찾겠다고 집을 나섰다.

종국에는 언어의 늪에 빠져 허우적대다가

겨우 목숨만 건졌다.

더 말해서 무엇하랴.

많은 격려와 응원을 보내준 지인들과

편집에 힘써준 모든 분들께 깊은 감사의 인사를 전한다.

2023년

가을 초입에 曉地

제1부

먼지의 이력서

제2부

메타세콰이어의 고백

제3부

잉걸불의 초상

제4부

연필의 자화상

제1부

먼지의 이력서

구겨진 손수건

충남 연기군 원성리
성요셉 치매센터에 가면

끈을 놓아 버린 허멀건 미소들이
빨랫줄에 집혀 가만히 펄럭이고 있다

듬성듬성 걸려 빠진
치아 없는 잇몸 사이로
보드란 흰죽 끓이는 냄새
저리도 흐리게 퍼져 가는가

오느니 마느니
내일 가고 또 오냐고
빨리 오는 날이 언제냐고

멀리 가고 싶어 구겨진 채
날선 바지춤에 매달려 있다

개구리 경전

여름날 저녁 논둑길 따라
길게 어둠이 깔리면
학승들의 법라독경 소리가 요란하다

개골개골
물의 경전을 일찍이 독파하고
이제, 땅의 경전을 읽어간다

푸르러 가는
저 넓은 경전을 언제 다 읽을 것인가
서둘지 않고 한결같이 더듬어 간다

출생이 미천하여
하늘 위로 치솟는 소리는 마다하고
낮은 곳으로만 잔잔히 번져 흐르는
저 성스런 득음을 느껴보라

독경삼매에 들었어도
홀연히 지나는 길손 있어
잠시 소리 죽여 길을 밝혀준다

먼지의 이력서

안개는 물에서 피어나고
먼지는 늘
메마른 땅에서 일어선다

그 가벼운 몸에도
억장이 무너지는 순간이 있다
썩지 않기 위해 떠다녔을 뿐
바닥에 몸을 기대본 적은 없다

산 자의 목구멍 따라
허연 아랫도리를 걷어붙이고
밤마다 국경의 강을 건넌다

파다 파다닥닥거리는
잿빛 나방들이 떼 지어 있다
그것은 빛 없는 연등

날개 없이도 부양하는
저 눈부신 비행을 보라

올빼미 깃 터는 소리 멀어지자
정적은 환하게 잦아들고
그들은 다시 공중부양을 준비하는데

여름날의 추억

삼복더위는 가고
가을비 오는 날 저녁 무렵에
낯선 개 한 마리와 마주쳤다

고질고질한 털에 묶인 나비 리본과
벗겨진 발톱의 빨간 매니큐어
견공의 화려했던 옛날을 더듬고 있다

손을 내밀자
고개를 들어 빤히 나를 올려다본다
겁먹은 동공 속으로
낡은 우산을 받쳐든
중년의 그림자가 걸어 들어가고 있다

자네
한 생만 먼저 왔어도
같이 한잔할 수 있었지 않았겠나

인적 없는 길모퉁이에서
견공 앞에 놓인
식빵 한 조각
가을비에 젖고 있다

목련 꽃잎

화창한 봄날
도심을 들락거리는
시내버스 안에는
목련 꽃잎이 수북하다

서로에게 주먹악수를 나누고
엷은 미소를 나풀대기도 한다

어떠신가요
우리들의 일상은
언제쯤 오나요

형제들의 입에 매달린 채
여러 해가 지나도
지지 않는 꽃잎

가로수 길을 따라
이리저리 뒹굴다가
귀가 버스에 몸을 싣는다

잔설

산모롱이 돌아 계곡 저편
길게 웅크린 잔설이 이른 봄 햇살에 걸려
차마 접지 못한 날개를 퍼덕이고 있다

천지를 뒤덮었던 위용은 잠시
간다고 했을 때
그냥 빨리 떠났어야 했는데

늦은 새벽이면
빠진 깃털을 추스르고
천변에 버려진 비린 고기를 찾아갔다

간밤의 꿈에는
온 세상을 뒤덮은
탑골공원에서 아주 오래된 친구를 만났다

어제

오늘이 희미하게
잠시 머물다 간 뚜렷한 흔적

베란다 온실 속에서
퀴퀴한 분리수거함 옆으로
유기되어버린 화분

지나간 것은 가끔
아픈 짓으로 후회되는 일
부끄러운 숨소리만 흐르고 있다

어제의 뒷모습이 애처로운 것은
오늘이 등을 돌린 탓은 아닐 것이다

먼 은하수 너머
신화로 가는 길목을 바라본다

나는 낡아 가는 어제 옆에서
긴 고별의 노래를 불러 주었다

생명

한 송이 풀꽃

한 모금 물과
한 줌의 햇빛

한 장의 그림
한 음절의 노래

한 바탕의 소나기 끝에
후끈 콧속을 후비는
한 줄기 흙냄새

세상에 딱
한 번뿐인 것

자작나무에 기대어

나른한 봄날 잠에 기대어
자작나무의 몸속으로
깊은 여행을 떠난다

비비새의 노랫소리
잠시 가물대다가
장쾌한 계곡 물 소리
가슴골을 뚫고 간다

그곳은 온통 교교한 달빛 세상
아주 먼 과거에서 온 사람들은
백자의 골짜기에서
수목의 고전을 읽고 있고
사막의 별이 부서지는 소리와
손으로 만져지는 부드러운 연무의 군락이
여기저기서 일어서고 있다

드디어 은수저 부딪치는
조용한 아침이 뜨고
누군가 검은색 건반을 밟는 소리가 들려온다
백자는 산산이 부서지고
깊이 찔러오는 수액의 향

흉터를 사랑한 세포들은
상처 부위로 이동을 계속하고
자작나무의 미로에서 길을 찾는
그렇다면 나는 세포속의 보행자

나무의 고전을
한 편도 읽지 못한
내 늦은 가을의 여행은
그렇게 방황으로만 이어지는데

오늘

당신이 내 심장을 지나
쩌벅쩌벅 걸어가는 소리를 듣는다

급류를 타고 가다
바위에 걸쳐 버린 시간 뗏목

언젠가 시푸른 대양을 건너
승리한 자 혹은 살아있는 자
그들만 점점이 모여 사는
어느 해안 너머에 당도하겠지

늘, 당신은 무한의 프렉탈
그대의 본성을 거슬러
문명이 붙여준 아픈 이름

어제와 내일을 잇는
단 하나의 평행선

나도 머지않은 날
유클리드의 연안에서
어둠을 털고 오는 당신의 헛기침 소리를
다시 들을 수 있을지

내일

언제나 그는
내가 잠들어 있는 시간에
여명을 데리고 도착한다

오늘을 지나는
단 하루의 여정을 위해
무수한 사선을 더듬어 왔다

젖은 외투를 두고 온 곳
지금은 더 이상
거슬러 갈 수는 없다네

당신은 은행나무 꽃 아래
또다시 짧게 피었다 갈
무수히 흩어진 어제의 잔해

친구여 오늘은
내일의 이름으로
좋은 노래를 불러주겠지

아직은 어두운 벌판에서
한 판의 춤사위가 함께하는
꼭 그런 당신을 기다리겠네

어느 봄날

식탁에 앉은 김치 한 보시기
마주 앉은 아내에게
신 냄새 나면 버릴 거냐고 물었다

아직은 화창한 날에
사치스런 비애의 맛을
미리 씹고 싶었던 것일까

예나 지금이나
서로에게 아픈 것들은
절대로 묻지 말았어야 하는데

무어라 말해도
장담할 수 없는 일
언제나 불안은 우리가 원하던 것

지금까지도
아내는 내 물음에
아무런 대답이 없다

오월의 초입에서

신록이 흐르는 공원벤치에서
계단을 오르는 한 노파를 본다

검은 비닐봉지 옆 은색 지팡이

몸의 바닥을 기어 본 사람은
부들부들 떨리는
은빛 검의 울음소리를 들을 수 있다

시퍼렇던 날의 계단은
저토록 가파르지 않았다

넓은 잔디광장에선
오월의 축제음이 왁짜하게 퍼져간다

바닷가에서

어느 날
일상의 굴레를 벗고
먼 곳으로 간다

수평을 넘어오는 비늘 물결
그 화려한 춤사위에
초라한 시선이 머문다

바다의 집은
늘 밀려가는 반복의 향연

때론 격랑으로
성난 이빨을 드러내지만
그것은 일탈의 정점에서 울리는 팡파르

언제나
그 끝은 잔잔한 파도
해안을 따라 길게 피는 하얀 꽃

바람에

누구인가
집 앞까지 찾아오는 바람에

실오라기 하나 걸치지 않은
개울을 건너는 바람에

초겨울 저녁
무명의 무덤 앞을 지나는 바람에

누군가와
손잡고 같이 가는 바람에

우리는 그 바람에
모든 것이 다 지나갔다

빛과 음향

아련한 곳에서
누군가의 가슴에는
설렘으로 다가와 떨림으로 떠난다

짧고 긴 몸짓으로
그림자를 쪼개고
누워있는 바람마저 일으켜 세운다

집착의 처소에 살던 어둠은
다시 소리가 되어 사방을 떠돈다

강으로 간 바람은
수면을 깨우며 눈부신 빛으로 일어선다

그들은 흔들릴수록 더 아름답다

제2부

메타세콰이어의 고백

비 오는 날에

날선 발톱으로 검은 장막을 찢고
한 떼의 늑대들이 우르릉대며 몰려온다

우르릉 쾅쾅쾅
타들어 가는 사막 위로 이내
검은 늑대의 젖물이 쏟아진다

우리는 야생의
젖을 찾는 한 톨의 모래

울음을 그친 초원은
사막에서 짧은 생을 날려 보낸다

늑대가 없는 초원은
사막의 푸른 꽃가루만
자욱이 피어 올리고 있다

날개

날개에서는 늦가을에 떨어져 버린 마른 낙엽의 냄새가 난다
수중을 헤엄치는 물고기의 지느러미에는 지상을 버린 배신의 비린내도 있다

허에서만 실재하는
허공의 또 다른 변종

땅을 딛고 걷는
양발의 동행이 더 경이롭다

지상에는 날개가 없다

도서관에서

고대 지중해 연안
두루마리를 걸친
파피루스의 후손들이 줄지어 서있다

어찌 보면 켜켜이 쌓여 있는
중생대 공룡의 등뼈마디들

문자의 벽 뒤에는
눈부신 얼굴들의
숨 고르는 소리로 자욱하다

그들은 저마다의 시대에서
밤하늘의 별과 빛
벌판을 달려오는 초인을 기다렸겠지

동굴 속 점토판
단 한 줄도 읽지 못하는 문맹아

공룡의 협곡에는
먼 메아리만 날아온다

무지개

언젠가 무대에서 보았던
농염한 여인의 속눈썹

빛이 또 다른 세계로
손 흔들며 보내는 별리의 메시지

율법을 따라 위로만 뻗쳐가던
어느 구도자의 아픈 심상

가끔, 무엇인가
끝장에서 일어나는 빛의 파계

도무지 알 수 없다
그것이 저토록 눈부신 이유를

꿈의 고백

나는 햇살에서 떨어져 나온
무산란 광입자

테레빈유 냄새나는 소나무 숲속
그림물감으로 풀어지다가
푸른 잉어의 눈동자로 스며들기도 한다

잘박한 수면
미끈덕거리는 실뱀장어의 군무 속에서
빙빙빙 한바탕 춤을 추기도 한다

해 질 무렵이면
그리움을 숙주삼아
물고기의 씨알을 뿌린다

망망할수록 뚜렷이 보이는
나는 한 편의 스크린

그림자

소리의 영역을 넘어
질량이 없어도 실재하는 자

빛이 소실되어 버린 그곳
그들은 불임지대로의 여행을 원치 않는다

노자의 무위자연은
그림자가 꿈꾸는 밝은 세상

당신의 발아래에서
어둠을 일으켜 세우는
두 번째의 빛

혹여, 무위로 가는
그 길을 알고 싶다면
그림자를 따라서 가보시게

흡연구역에서

빨간 립스틱 입술이
빈터 구석으로
나풀나풀 걸어온다

조용히 타들어가는
폰을 든 하얀 손
날아온 문자들 사이로 바쁘게 움직인다

얼마 후
희뿌연 안개 걷히고

짙은 커피향 속으로
오지 않는 짧은 한숨

종이컵에 붙은
빨간 나비 한 마리
바람에 이리저리 뒹굴고 있다

그리움

공원의 벤치를
한동안 가만히 바라다본다

부산했던 것들은
어디론가 흘러가고
그는 거기 앉아서 조용히 기다린다

여보시게 눈썹 위로
손을 들어 머리를 긁어 보렴

귓전을 간지럽히는
간절한 목소리가 온다

추석, 설명절
한 해에 두 번을 두고
몇 밤 자고 가실 거냐고

짙은 가을 그림자 사이
망연히 바라보는 두 개의 눈동자

벤치를 베개 삼아
그냥 잠들고 말 것이다

활주로

안개가 낀 날이면
젖은 날개를 풀어헤치고
또 다른 비상을 손질한다

지금은
바닥에 누워 있는
굴곡진 고랑을 탈출해야 할 시간

난해한 소리를 집어 삼키며
하얗게 갈라지는 대쪽

길게 일어선 외줄 아래
흰 구름만 자욱하다

꽃

한 잔의 술 옆에
한 다발의 꽃이 서 있다

살아생전에 당신은 언제나
그들이 피는 곳으로 찾아갔다

우리가 차마
그곳으로 갈 수 없는 날
그들은 어김없이 찾아와
우리의 손을 잡고 있다

이승을 잇는 형형색색의 고리들
그 사이로 한 줄기 향이 피어오른다

메밀

메마른 곳에서
모반의 창끝을 은유하며
기름진 땅과 타협하지 않는다

땅 위를 데굴데굴
굴러가지 않으며
이중의 보호망을 거부한다

두루뭉술한 씨알들 앞에서는
단호히 각을 세운다

사계에 한 번
그래도 흐드러지게
한 생을 피운다

재회

다랭이 논배미를 걷다가
오랜만에 늙은 시인을 만났다

누렇게 차려입은 장삼에
등 굽은 할배의 적삼냄새가
여기저기 묻어나오고 있다

요즘도 건필 하시냐고
알알이 영근 손마디를 잡고
그동안의 안부를 주고받는다

사계를 호령했던 여름은
트럼펫 협주곡을 따라
아주 멀리 갔다고 했다

허기진 사람들이 찾아오는
초겨울 어느 식당에서
따뜻한 밥이 되어 다시 만나자고 했다

몽산포에는

드르니항을 지나
가슴 안쪽으로 휘어지는 곳

소리 내어 부르지 않는
언덕배기 외딴 펜션과
솟은 것을 밀어내는 수평이 출렁인다

한 번 가면 언제 올지
젖은 일기장을 밟고 서서
먼 곳만을 응시한다

건널 수 없는 바다
빨랫줄에 집힌 망둥어는
햇살 아래서 자꾸만 말라가고

떠난 자들이 남긴
허허로운 바람소리가
솔 모랫길을 따라 드문드문 걸어온다

꿈을 파는 몽산포는
깊게 패인 상처부위에
발그레한 새살을 채우고 있다

야간비행이 끝나고

파타고니아를 이륙한
밤 비행기 한 대가
탐조등의 빛살을 뚫고
낯선 어둠을 향하여 막 떠나고 있다

멀어질수록 뚜렷이 보이는 지상의 별들과
안드로메다 성운 사이에 흐르는 엄숙한 고요를
긴 호흡으로 빨아들여 본다

그래, 뚤루주에서 첫 비행기의 굉음은
파이프 오르간 연주소리와 같았지

머리 위 사막이
빙빙빙 돌다가
쩡그렁 흩어진다

하루에도 여러 번
해가 지는 작은 별에서
장미 한 송이를 든
어린왕자가 오고 있다

사막이 소유한 별과
바람을 사랑했던 생텍쥐페리
마르세이유 남쪽 바다 속으로
또 다른 비행을 꿈꿔 왔는지 모른다

어선 그물에 걸려 온
비행기 잔해 속 팔찌 하나
그 안쪽에 새겨진 아픈 이름 '콩쉬엘로*'

* 콩쉬엘로 : 「어린왕자」와 「야간비행」의 저자 생텍쥐페리(1900~1944)의 부인 이름.

메타세쾨이어의 고백

뜨거운 용암으로
손과 발을 문신하고
저 어두운 지층에서
숨어서 살아왔소

질긴 뿌리들의 아우성
기름진 흙의 냄새를
견딜 수가 없었다오

양쯔강 상류 깊은 골짜기
숨어 산 시간만큼 키만 웃자라고
푸르른 별빛을 몸에 담지 못했소

여보게, 지금은
가로수길을 버리고
소실점으로 돌아간다는 건
너무 시간이 늦었다오

훗날 내 가슴속 원반에
어떤 음원이 재생될지 그것이 두려우이

종국에 꿈이 있다면
내 몸으로 만든 하얀 종이 위에
한 편의 시를 담는 것이라오

잊지 마시게나
내 이름은 '메타세콰이어'

멸치

바람이 살랑 부는
모지포 부두 하역장에는
소금에 찌들어 배배 마른
멸치 한 마리 산다

누군가 하얀 손으로
책장을 넘기고 있을 때
그는 켜켜이 쌓인 짐짝을
온 몸으로 독파했을 것이다

손바닥 마디마디
굵은 쉼표들이 알알이 박히고
미처 다 쓰지 못한
한 줄의 문장이 걸어간다

가만히 있는 생을 흔들어
찌든 향기를 맡고 싶을 때
멸치에게 전화를 걸어 안부를 묻는다

제3부

잉걸불의 초상

징소리

언제부터인가 듣고 싶어졌다
떨면서 배어 나오는 노래

징 징 징
그 명징한 소리를 타고
우리는 미래로 갈 수도 있다

세상의 모든 소리를
징 속에 담는다면
텅 빈 은자의 침묵으로 돌아오리

허허로운 벌판 끝에
매달려서 우는 바람 소리

자전거 위에서

계단 옆길을
빙 돌아 집을 나선다

앞에 선 바퀴는 길을 풀고
뒷바퀴는 길을 꾸리며 간다

오르막길
팽창된 근육이
줄 빠를 타고 바퀴로 흘러간다

질주할수록 축은 고요한데
마찰의 울음은 더 커져간다

상보의 원리는 어디에 숨어있나
거친 페달을 밟는 그 어디쯤에

한 올의 길도 감겨있지 않은
텅 빈 은륜을 들어올린다

한 마리의 다람쥐가
현관 앞을 서성인다

소금

따사로운 볕살 따라
반짝거리며 내려온다

하늘하늘 바람 따라
춤을 추며 내려온다

서걱서걱 밟히는
따갑고도 거친 여정

누군가 손 내밀어 준
눈물겨운 씨앗

결정지 바닥에서
웅크리며 일어선다

등대

겨울 바닷가
들숨과 날숨의 호흡 소리
해안을 따라 높게 깔린다

뚜-우우
등대가 키운 고동 소리
흔들리는 것들은 떠날 채비를 한다

떠도는 자들의 표상
물에 비친 느낌표 앞에 당신은
잠시 모자를 벗어야 한다

무엇이 되고자 한 적은 없다
대양을 향해 호흡의 길이만큼
푸른 신호만 보내 줄 뿐

이름표가 희미해지는 날
그는 꿈꾸고 있을지 모른다
또 다른 사막의 등대를

아내

따라다니며
밥 먹인다고
푸념하던 며느리

도망가는 손녀 뒤를
밥그릇 들고 쫓아간다

나는 그날
생전의 어머님을 만났다

갈대

강으로 간 갈대는 폭 좁은 외투의 깃을 세우고 처진 어깨로 간신히 바람을 헤집고 있다 풀 한 포기마저 벨 수 없는 꺾어진 칼의 한계를 아는지 불어가는 바람의 결만 몸에 걸치고 잔물결 일어나는 노을 강 쪽으로 한동안 먼 시선을 거두며 섰다

바람으로 일어선 것들은
다시 바람으로 스러져가고
밤새 울어댄 마두금의 변주곡 앞에
갈대는 바람을 초월할 수 없다는 걸 알았다

서그럭 거려서 더 서러운
갈대의 마른 향이
젖은 가을의 한쪽을 깊이 찌르고 간다

노점의 단상

중앙시장 뒤편
노상 가판대에
하루 종일 은빛 바다를
토막을 내는 한 노파가 있다

허연 한숨에 물든 백발
가슴 안쪽으로 휘어진 등허리
도대체 어떤 애증의 덩어리를
보듬고 살아왔던 것일까

아마도, 어느 날 갑작스레
순풍은 찢어졌고
돛대는 그 조각난 파도를 거머쥐고
질긴 새벽의 노래를 토했을지 모른다

깔딱거리는 아가미 속
여린 목 띠를 잇기 위해
눈부신 갈치의 바다를
가차 없이 토막 내 왔으리

이제 그 무언가에 매달려
내리칠 바다도 없고
그저 향기로운 비린내 앞에
쓰디쓴 미소만 접었다 펼 뿐

드문드문 철썩거리는
저 인파들의 틈 너머로
은빛 가판대가 눈 시리다

잉걸불의 초상

본향으로 가고 싶은
열망을 감추고 있을까

밖으론 하얀 장막을 치고
안으로는 화려한 빛을 은닉해 간다

지금 횃불은
함성과 질주의 광장에서
막춤을 추기 시작하는데

아마도 차가운 별빛을
꿈꾸고 있을지도 모르지

이곳은 어디쯤일까
바람이 불면 장막을 걷어 밖을 본다

모르는 어디인가로
사위어가는 뒷모습이 아련하다

지상의 길

사람들이 만들어 놓은
몬드리안의 브로드웨이 부기우기
그림 속의 길을 걸어본다

레고 조각으로 짜 맞춘 듯
지도 위에 평행과 수직으로 이어진

재즈의 향연 속에서 길은
아련히 흩어졌다 모이기를 반복하고
불변의 법칙을 찾아 떠난
선과 색은 돌아오지 않았다

나그네는 직렬과 병렬로 짜깁기 된
브레인맵 속에서 맴돌다가
명멸하는 불빛 쪽으로 발길을 돌린다

산과 빌딩 사이에
그저 오고 가고
지상의 길은 하나일 뿐인데

비닐하우스

지나가다가
한참을 서서 보았다

하얀 눈 속의 딸기들
빨간 입김을 들이마시며
제 몸의 향기를 한 바구니 담고 있다

한 줄기 양광이 신호를 보내자
일제히 불을 밝히는 꼬마전구들

그들이 아무 일 없이
향기롭게 살고 있는 집

비닐하우스

설날

아까부터
만복이네 안마당은
연신 지지고 볶고 들랑날랑
시끌벅적하다

박사 따서 미국에 간
승준이네 섬돌에는
두 켤레의 신발만 가지런하다

누야의 손

흰 눈 내리는 산골 마을
한 아이의 울음소리가
아침의 정적을 찢고 간다

이미 엎질러진 화롯불
하얗게 떨리는 손 위에
붉은 허공들이 어지럽게 흩어진다

흩날리는 눈발
아침에 떠난 첫차는
어젯밤 연재를 넘지 못했다

오월의 수국이 활짝 피던 날
마취실 푸른 커튼 사이로
누나의 떨리는 목소리가 들려온다
선생님, 생은 무엇인가요

그날 밤 아버지는
어둠을 밟고 선 등잔불 아래서
긴 편지를 쓰고 계셨다

과산화수소의 거품 사이
흐릿한 시선을 뚫고
차마 펴지 못한 몇 개의 손가락이
아직도 뚜렷이 걸어오고 있다

채석장에서

자욱한 돌 연기 걷히고
거대한 몸집을 드러낸다

지층 습곡에 은신하던
혹등고래 한 마리

돌가루 흩어진 계곡에서
밤마다 꿈을 꾼다

어느 호화 저택의
분수대 아래서
헤엄을 잃어버린 새끼 돌고래

바다를 조각하던
초라했던 망상의 해변

고래가 우는 소리에
석수는 잠을 깬다

코스모스

툭툭 털고
떠나려 하는 자리에 피는

한 생의 절정에서
혹은, 그 끄트머리에서
누군가에게 보내는 깨끗한 미소

내 유년의
추억의 한 토막을 켜고 가는
유색의 회전 톱날

현을 가르는
연주자의 가녀린 목에 걸린
하늘거리는 머플러

리토르넬로

오케스트라의 리토르넬로*가 끝나고 드디어 활은 가냘픈 현 위에서 좌우로 미끄러지기 시작한다 f자의 울림구멍에서 파릇한 새싹이 돋고 선상을 이탈하지 못하는 활의 몸짓 사이로 촉촉한 봄비가 내린다 이내 봄은 지나가고 여름 가을 겨울이 끝나자 타악기들이 일제히 일어서서 난타를 보낸다 양 어깨위에 놓인 좌우 공간의 선상을 떠나지 못한다

한적한 시골 채송화 핀 뒤뜰에 옹기종기 모여 있는 간장독에는 똑같은 사계의 소리를 수백 번이나 먹고 자란 간장이 배꽃 머리에 꽂고 알 듯 말 듯 배시시 웃고 섰다 검은 레일의 선상을 타고 그 시간이면 꼭 코스모스 들녘으로 달려오는 기차의 긴 경적을 굳이 귀담아 듣지 않는다 서산의 해는 외발로 서 있는 장독의 그림자를 길게 뽑아 능선의 현을 켜려 한다

눈이 내린다 내릴 때마다 회색의 빛깔로 하늘 배경을
깔고 저편의 소식을 바닥에 펼친다 연인의 목에 두른
눈꽃무늬의 머플러가 바람에 펄럭인다

* 리토르넬로(Ritornello) : 노래 사이에 반복해서 연주되는 주제 선율.

상고대

우리는 어제저녁에
바람이 안개를 꼬드겨
연화봉 쪽으로 데려가는 것을 보았다

시린 초겨울에 찾아오는 짝짓기
산허리에 깔린 안개를 휘감아
옷 섬을 풀어헤쳐 애무를 시작한다

안개 군무는 연초록 새싹과
눈 시린 꽃봉오리며
바닷속 산호초를 이야기했다

거칠었던 바람의 숨결은 잦아들고
순백의 알들만 켜켜이 슬어 놓고
먼 곳으로 표연히 떠나갔다

제4부

연필의 자화상

가창오리

천수만 갯벌
한 무리의 오리들이
노을을 흔들기 시작했다

무엇을 찾기 위한
떼거리 함성인가

국경의 강 아무르를 건너
바이칼로 간다고 했을 때
아무도 말리지 않았다

한때, 바다를 등져버린
물 가오리의 변종들
높게 깔린 심해의 창공을
끝없이 헤엄쳐간다

해 기우는 서산
질척한 갯벌을 서성대며
돌아가기에는 너무도
먼 길을 묻고 있다

강

느리게 흐르는 강물 위에
축음기의 바늘을 올려놓고
오케스트라의 선율을 감상한다

화려한 기교는 잠시 미루고
미풍에 흔들리는 버드나무 몸동작 따라서
웅장한 서곡이 일렁이며 퍼져간다

일순 강풍을 끼고 폭우가 협주하자
미친 듯한 혼절의 리듬이 작렬한다
우르릉 쾅쾅쾅

꺾인 지휘봉 아래
장력을 잃어버린 첼로의 G현

흐르는 것들의 덧없음
강, 구름, 세월

다시 서곡이 연주되고
G현의 끝에는 긴 문장이 흘러간다

늦은 출가

맑은 눈을 가진 벗이여
해가 지는데 어디로 가려 하오

오동나무 숲에서 하루 종일 새들이 울고
5월의 찔레꽃 향기 가슴을 쪼아 대는데
무지개가 뜨지 않은 동산으로 갈 수 있을까
가져갈 것도 없고 두고 갈 것도 없는 텅 빈 세상
시퍼런 강물에 엉킨 실타래를 풀고 장삼 한 벌 입고 가시게나
연무 속에서 쌍사자 석등 불빛 흐리게 퍼져가고
밝은 그림자를 따라 무위의 세상으로 나를 안내해 주시게
마애가 갈아준 먹물로 시를 쓰고
마애가 길어준 샘물로 밥을 짓고 싶으신가

밝은 눈을 가진 벗이여
어두워지는데 어디로 떠나려 하오

수건

욕탕에 걸린 수건
모년 모월 모일 아무개
회갑연 정년퇴임 축개업 창립기념일
우리들의 개인사를 제 몸에 새기고 있다

다양한 색깔의 바탕 위에
선명하게 그날을 기억한다

노동자의 목에 매달려
수고와 한숨을 훔쳐주는
소리 없는 공덕이 놀랍다

멀리 떠난 지아비가 그리워
고추밭 고랑에 숨어
아낙의 땀인 듯 눈물인 듯
흔들리는 어깨를 다독여 주었다

연한이 지나 낡고 해지면
허드레 걸레로 전락하겠지

사람의 볼살과 함께했던
향긋한 비누 냄새를
오랫동안 기억할 것이다

술

낮과 밤을 지나서
신의 입김으로 태어난다

은은한 빛깔과 향으로
최상석에 자리하여
뭇 음식들을 호령한다

경건하고 엄숙한 자리에는
가만히 침묵하고
신명나는 잔치마당에는
불꽃 되어 타오른다

큰 그릇에는 관대하고
작은 그릇에는 요동친다

오른손에는 신의 자비를
왼손에는 악마의 미소를 들고 있다

꽃

언제나 제 몸의 끝에서 피어난다

기쁨의 끝에서는
가뿐히 웃고 서 있고
슬픔과 통곡의 끝에는
손수건처럼 젖어 있다

상념의 그늘 밑에서는
한 편의 시처럼 다가온다

어디론가 끝없이 이어지고 싶은
간절한 손길이 머무는 곳

한 생의 절정 그 끝에서
고요한 함성으로 피어있다

산

공존의 큰 마당에는
한낮의 해가 식어가고
달빛의 그림자가 걸어서 온다

정적은 깊고도 멀고
천 길 낭떠러지 위로
아득히 솟아오른다

유전자의 본능을 따라가
우리가 잃어버린 것들을
반드시 찾아와야 할 곳

작아져 가는 가슴의 뼈를 위하여
창을 던지고
가만히 숨어 있는 태고의 정적을 향하여
활을 쏘아야 한다

언젠가 느리게 흐르는
님의 숨소리를 들어야 하고
수목들의 함성을 두 손에 담아야 한다

갈 곳은 푸른 창공
일어선 수목들이
일제히 하늘을 향하여 합장한다

꿀벌

우리 곁을 떠나고 있는 것들이 있다

지구의 세 바퀴를 돌아
방방꽃꽃 윙윙거리며
한 방울의 단물을 집으로 가져온다

기껏 살아봐야 한 달 남짓
형제들의 연명을 위하여
남김없이 토해낸다

동면하지 않는
약탈자들 앞에서 그들은
집단자결을 선택한다

떼죽음 앞에서 인간들은
떼거리로 몰려와 앵앵거렸고
벌들은 침묵했다

자결한 주검들이 수북이 쌓인
쓰디쓴 꿀

꽃피는 오월 스무날
추모의 향불 아래서
그들이 다시 돌아오기를 두 손 모아야 한다

층간소음

현관 문고리에
수박 한 통이 달렸다

두 아이 키우는 엄마예요
매번 말을 해도 그때뿐이에요

희미한 필체로
답글이 달렸다

외톨이로 사는 늙은이
시끄러움도 위로가 된답니다

어제는 도나우 강변의 피아노 선율이
이웃들의 아우성으로 돌아왔다

소리와 소음의 경계에서
악성이 가야 할 곳은 어디인가

한 통의 수박이
두 개의 동굴을 지나서
혼돈의 강을 건너가고 있다

삿대

순풍의 뱃전에는
가지런히 놓여 있고
격랑의 물결에는
사방으로 솟구친다

분열의 마당 저편
상대를 향하여 창을 던진다

정연을 잃어버린 시대
터져 나오는 고성 속에
저 난무하는 삿대질

난파된 쪽배의 잔해들이
어지럽게 흩어진다

삿대에 찔린 가슴 언저리에는
검은 쪽배 문양의 흉터가
아직도 뚜렷이 남아 있다

송전탑

강을 건너고
산맥을 넘어간다

산하를 타고 도시로 실려 가는
붉은 동맥과 푸른 정맥

원시에서 문명으로
끝없이 이어지는 선

아무도 찾아오지 않는 밤
깜박깜박 등을 밝혀
도시의 야경을 굽어본다

당신이 가고 싶은 고향은
유선과 무선이 무해한 세상

다시 밤이 되면 깜박깜박
흘러가는 것들의 등대가 된다

다리

다리의 난간 안쪽에
하얀 솜털을 둘러쓴
몇 송이의 꽃이 피었다

바퀴의 마찰음을 짊어지고
둥지의 숨소리를 보듬고 있다

등줄기로 문명이 지나가고
고요는 수묵처럼 가슴으로 번져온다

숨 막히게 뜨거운 날은
등을 타고 떠났던 사람들이
그늘을 만지며 모여든다

바퀴가 내달리고
심장 뛰는 소리가 들린다
덜컹덜컹 덜커덩

뼈와 살로 버무린
쭉 뻗은 근육

잔잔한 수면 위에
높게 깔린 수평

넓은 등에 업혀서
많은 사람들이 가고 또 온다

연필의 자화상

나는 몸의 중심으로 글을 쓴다
그 심이 없다면 죽은 목숨

외발로 걸어왔지만
중심 한 번 잃지 않았다

뾰쪽하고 날카로운 심으로
세상을 운운하다가
여러 번 부러졌다

그저 두루뭉술하게
묵묵히 가는 게 상책

까맣게 타버린 속이 없었던들
오늘의 내가 있었을까

이제, 하얗게 펼쳐진 설원 위에
까만 발자국을 찍으며
먼 길을 가고 싶다

설령 낯선 바람이 불어와
내 발자국을 지운다 해도
나를 외면한 시대를 원망치 않을 것이다

끈을 풀다

묶였던 끈을 누군가 풀어주었다
처음에는 개운했다
아무거나 다 할 수 있을 것 같았다

나만 풀어준 게 아니고
다른 사람들도 다 풀어주었다
소와 닭, 개도 풀어주었다

음매 음매 음매
꼬꼬댁 멍멍멍 꼬꼬댁
좌충우돌 왁자지껄

사방으로 얽히고설켜서
옴짝달싹도 못한다

초점 없는 눈으로
서로를 물끄러미 바라본다

묶임과 풀림은 한 가지 일
애당초 잘 했어야지
그 꼴 날 줄 진즉에 알았다

이제 묶일 일만 남았다

정류장에서

그곳은 늘 사람들로 붐볐다

갓 생겨난 정류장은
이웃 사람들을 불러서
서로를 축복해 주었다

내 정류장에도
많은 사람들이 오고 갔다

오래 머물다 간 사람
잠시 왔다가 그냥 간 사람

빈 정류장이 되어버린 사람들이
정류장에 나와서 누굴 기다린다

지금은 아무도 오지 않는
이제 더 보낼 사람도 없다

한 시대를 싣고 떠난
빈 정류장에서 오늘도
기어이 난 누군가를 기다려야 한다

개와 달

얼마 전 데려온 개 한 마리
베란다에 납작 엎드려
물끄러미 달을 본다

저놈에게도 어떤
풍류가 있는 것일까

나도 개처럼 턱을 괴고
실눈으로 달을 올려다보았다

개의 달은 어디에 있고
사람의 달은 무엇일까

잘 익은 달떡과
어설픈 한 편의 동화

닿을 수 없는 곳
채워지지 않는 것

컹컹컹 소리에 멀리
달빛도 공허하다

툭, 시치미를 떼다

암자가 보이는 뒷산
아주 오래된 전나무 한 그루
날아가는 수진이를 잡아챘다

돌개바람에 빙빙빙
잠시 정신줄을 놓은 사이
시치미 끄나풀이 걸려들었다

허공을 물어뜯고
날갯짓을 해봐도
퍼덕거리기만 할 뿐이다

먹구렁이 한 마리
나무 위로 올라간다

외발로 선 수진이
비수 같은 발톱을
솜털 속으로 품는다

때가 오고 있다
날름거리는 혓바닥이
무릎 위로 핥아온다

파팟
외줄기 섬광이
뱀의 정수리를 치고 갔다

사흘 밤낮의 굶주림이
토막 난 덩어리를 통째로 삼킨다

날갯짓 한두 번에
투툭, 시치미가 떨어졌다

창공을 가르는
수진이의 날갯짓이
힘차고도 당당하다

가다 보면 가끔 시치미를
떼야 할 때도 있는 것인가

희망을 노래한 사랑 판타지, 봄의 왈츠를 수놓다

— 양정용 시집 「연필의 자화상」의 시세계

정유지(문학평론가, 경남정보대 교수)

1. 따뜻함은 얼음장도 녹이는 서정의 힘이다.
— 세상에서 가장 귀한 보물은 희망이다.

알렉산더 대왕은 풍부한 상상력의 소유자였다. 동과 서의 세계를 잇는 큰 꿈을 실현하기 위해서 출정할 때, 국고를 열고 금은보화를 군인들과 그의 가족들에게 나누어 주었다. 그때 창고지기는 대왕에게 "이런 일을 하시면 안 됩니다. 왕의 창고가 비면 통치를 할 수 없습니다."라고 걱정했다.

그때 대왕은 "나에게는 나만이 아는 보물이 있다. 그

것은 희망이라고 하는 보물이다." 위대한 지도자는 눈에 보이는 금은보화보다도 눈에 보이지 않는 희망이란 보화를 볼 수 있다. 대왕과 생사고락을 함께 하며 대왕을 대신해서 죽어줄 군인들이야말로 진정한 전우임을 안 것이다. 양정용 시인은 시집 「연필의 자화상」을 통해 눈으로 보이는 보물보다, 눈으로 보이지 않는 보물을 더 가치 있는 것으로 바라보고 있다. 진정한 청춘靑春의 의미를 피력하고 있다. 청춘은 새싹이 파랗게 돋아나는 봄철이라는 뜻으로, 십 대 후반에서 이십 대에 걸치는 인생의 젊은 나이 또는 그런 시절을 이르는 말이다. 십 대 후반에서 이십 대만 청춘이라는 말은 반은 맞고 반은 맞지 않는 말이다. 청춘은 몸의 상태만이 기준이 아니라, 마음의 건강상태가 매우 중요하기 때문이다. 나이가 젊어도 마음이 젊지 않다면 진정한 청춘은 아닐 터, 마음이 젊은 경우엔 청춘을 가진 거라고 할 수 있다. 양정용 시인은 시집 「연필의 자화상」을 젊은 시절로 회귀하는 청춘 직항로임을 부각하면서 잔잔하게 노래하고 있다.

시인은 「먼지의 이력서」를 통해 가벼운 먼지 속 세상을 노래하고 있다.

안개는 물에서 피어나고
먼지는 늘
메마른 땅에서 일어선다

그 가벼운 몸에도
억장이 무너지는 순간이 있다
썩지 않기 위해 떠다녔을 뿐
바닥에 몸을 기대본 적은 없다

산 자의 목구멍 따라
허연 아랫도리를 걸어붙이고
밤마다 국경의 강을 건넌다

파다 파다닥닥거리는
잿빛 나방들이 떼 지어 있다
그것은 빛 없는 연등

날개 없이도 부양하는
저 눈부신 비행을 보라

올빼미 깃 터는 소리 멀어지자
정적은 환하게 잦아들고
그들은 다시 공중부양을 준비하는데

—「먼지의 이력서」 전문

인생은 우주에서 보면 한낱 먼지에 불과하다. 먼지도 알고 보면 꿈이 있고 나름 목적이 있는 것이다. 그것이 인생이기 때문이라고 시인은 말하고 있다. '바닥에 누워 본 적 없이 날아야 하는 고달픈 삶'의 미학을 가진 먼지를 통해 우리 인간의 삶을 성찰하고 있다. 밤마다 국경을 넘을 정도로 장거리 이동을 하는 먼지에게 인생을 배우는 시적 필력이 상당함을 감지할 수 있다.온갖 미물들이 움직이며 날아다니는 모습이, 고여 있지 않고 부단하게 움직이는 우리 삶의 모습임을 일갈하고 있다. 우주에서 보면 작은 먼지 같은 인생일지라도 소중하다는 것이다. 시인은 '먼지 이력서'를 펼치면서 세상을 노래하고 있다.

시인은 한눈을 팔면서 여름밤 풍경을 노래하고 있다. 「개구리 경전」에서 확인해 볼 수 있다.

> 여름날 저녁 논둑길 따라
> 길게 어둠이 깔리면
> 학승들의 법라독경 소리가 요란하다
>
> 개골개골
> 물의 경전을 일찍이 독파하고
> 이제, 땅의 경전을 읽어간다
>
> 푸르러 가는
> 저 넓은 경전을 언제 다 읽을 것인가
> 서둘지 않고 한결같이 더듬어간다
>
> 출생이 미천하여
> 하늘 위로 치솟는 소리는 마다하고
> 낮은 곳으로만 잔잔히 번져 흐르는
> 저 성스런 득음을 느껴보라

독경삼매에 들었어도
홀연히 지나는 길손 있어
잠시 소리 죽여 길을 밝혀준다

—「개구리 경전」 전문

7080세대들은 시골에서 개구리 소리를 원 없이 들었다. 적막한 여름밤이면 개골대는 개구리 소리가 시끄러울 정도로 또렷해서 그 소리를 듣다가 잠들곤 했다. 시인은 시끄럽게 울어대는 개구리 소리를 경전 읽는 소리로 설정했다. 참으로 기발한 착상이다. 인용된 작품의 경우, 학승의 득도하는 책 읽는 소리로 은유화한 한 편의 서정시다. 목가적이고 아름다운 수채화 한 점을 선명하게 보여주고 있다. 저 넓은 들판을 언제 다 읽을 거냐며 걱정을 하는 듯싶더니 서둘지 말라고 조언하기도 한다. 출생이 미천해서 소리는 낮은 곳으로만 흐르고 득음은 성스럽기만 한 시인이 읊는 개구리 소리, 여름밤 시골에 가서 개구리 소리에 푹 젖고 싶은 마음마저 감돈다. 한 편의 시가 참 편안하게 다가온다.

시인은 생명의 존귀함을 노래한다. 「생명」을 통해 확인할 수 있다.

한 송이 풀꽃

한 모금 물과
한 줌의 햇빛

한 장의 그림
한 음절의 노래

한 바탕의 소나기 끝에
후끈 콧속을 후비는
한 줄기 흙냄새

세상에 딱
한 번뿐인 것

—「생명」 전문

생명은 우주에서 가장 신비하고 가치 있는 존재다. 한 송이 풀꽃은 물론이고 무기물인 물과 햇빛, 한 음절 노래마저도 소중한 생명이다. 시적 대상을 서정적인 소재로 바라보는 시인의 눈이 따뜻하다. 생명은 오직 세상에 하나뿐이다. 특히 인간 생명의 존엄성은 그 자체로서 가치 있고 존귀한 존재라는 것은 말할 나위 없다. 소중한 생명을 잘 가꾸고 잘 살려야 함을 어필하고 있다. 시인이 말하는 모든 것들, 흙냄새까지도 생명의 범

주에 넣어 사랑하고 가꾼다면 생명의 소중함은 더 말할 나위 없이 존귀한 것임을 인식할 수 있는 계기를 마련한 셈이다. 시인은 시적 대상을 바라보는 순수하고 따뜻한 마음이 왜 중요한가 역시 역설하고 있다.

시인은 비상을 꿈꾼다. 「날개」를 통해 확인할 수 있다.

> 날개에서는 늦가을에 떨어져 버린 마른 낙엽의 냄새가
> 난다
> 수중을 헤엄치는 물고기의 지느러미에는 지상을 버린
> 배신의 비린내도 있다
>
> 허에서만 실재하는
> 허공의 또 다른 변종
>
> 땅을 딛고 걷는
> 양발의 동행이 더 경이롭다
>
> 지상에는 날개가 없다
>
> ―「날개」 전문

시인은 허상의 날개를 노래하고 있다. 말라 버린 낙엽에서 날개를 본다. 또한 '물고기 지느러미에서 날개가 퇴화되어 물고기가 되지 않았을까'를 상상하고 있다. 지상을 버린 배신의 비린내 또한 노래하고 있다. 날개는 허구이고 허공에서 잘 날아다니는 날개는 허공의

변종이라 보는 독특한 시선이 눈길을 끈다. 날개를 연상시키듯, 두 발로 걷는 경이로움을 진술하고 있다. '지상엔 날개가 없다'라고 노래하는 시인의 심상 속에서 '날고 싶다'는 역설의 언어가 묻어난다.

시인은 세상을 새롭게 바라본다. 「활주로」에서 확인할 수 있다.

안개가 낀 날이면
젖은 날개를 풀어헤치고
또 다른 비상을 손질한다

지금은
바닥에 누워 있는
굴곡진 고랑을 탈출해야 할 시간

난해한 소리를 집어 삼키며
하얗게 갈라지는 대쪽

길게 일어선 외줄 아래
흰 구름만 자욱하다

—「활주로」 전문

새의 미래형은 비행기다. 비행기의 과거형은 새다. 생명력을 가진 곳은 같지만, 그러나 비행기의 이미지가 압도적으로 크다. 항공기의 안전한 착륙과 안전한 이륙을 하기 위해선 공항의 활주로가 필요하다. 활주로는 공항에 항공기의 이륙과 착륙 활주를 위해서 준비된 한정된 직사각형 지역이다. 보통은 아스팔트나 콘크리트 또는 아스콘 혼합물로 만들어진다. 여객 공항의 활주로 넓이는 보통 왕복 16차선이다. 시인은 안개가 낀 날을 활주로의 기상 배경으로 삼고 있다. '젖은 날개'로 착륙한 비행기의 이미지를 정제된 언어로 갈무리하고 있다. 새로운 비상을 위해 정비 중임을 부각하면서, 다시 활주로에 대기하고 있음도 진술하고 있다. 활주로는 굴곡진 삶의 공간으로 여기고 있다. 활주로는 하늘과 지상을 안전하게 연결해 주는 공간이다. 공항에 활주로란 연결고리가 부재하여 있다면 착륙하는 항공기는 대형참사를 감수해야 한다. 시인은 하늘과 지상의 연결고리 역할을 하는 활주로를 안전한 수평거리로, 또는 희망을 쏘아 올리는 공간으로 진단하고 있다.

2. 작가의 창조적 상상력은 사물 속에 깃든 영혼을 깨운다. — 불가능과 가능의 차이는 인간이 만들어낸 말에 불과하다.

우산은 비가 올 때에 머리 위에 받치어 비를 가리는 물건이다. 라틴어로 그늘을 뜻하는 '움브라(umbra)'에서 유래되었다. 귀족들이 태양을 피하기 위해서 최초로 사용했다. 1920년대에 한스 하우프트(Hans Haupt)가 접을 수 있는 우산(일체형 다단 절첩 우산)을 발명했다. 양정용 시집 『연필의 자화상』은 우리 시대 우산처럼 사물 속에 깃든 영혼을 깨우고, 아름다운 영혼을 지키는 역할을 하고 있다.

"장애는 눈으로 보이는 게 아니라, 세상을 굴절되어 바라보는 맘이 더 큰 장애입니다." 모 가수의 이야기다. 제시카 콕스는 두 팔이 없는 비행 조종사이다. 태어날 때부터 두 팔이 없었고 대신 그녀에겐 두 다리와 발가락이 있었다. 발가락을 손가락으로 활용하는 훈련을 했다. 학창 시절 놀림을 받기도 했으나 이를 강한 정신력으로 이겨냈고 자전거 타기, 윈드서핑, 자동차 운전하기, 심지어 태권도 3단까지 취득했다. 두 팔이 없어도 비행 조종사가 될 수 있다는 것을 실현한 실제 인물이 됐다. 불가능과 가능의 차이는 인간이 만들어낸 말에 불과함을 알린 케이스이다. 제시카 콕스는 장애인들에게 꿈과 희망을 주고 있다. 양정용 시집 『연필의 자화상』은 한계상황을 극복하고 이 시대에 희망을 꽃피게 만드는 멀티종합언어의 완결판이다.

시인의 서정성은 남다르다. 「소금」을 통해 확인해 본다.

따사로운 별살 따라
반짝거리며 내려온다

하늘하늘 바람 따라
춤을 추며 내려온다

서걱서걱 밟히는
따갑고도 거친 여정

누군가 손 내밀어 준
눈물겨운 씨앗

결정지 바닥에서
웅크리며 일어선다

—「소금」 전문

우리 사회에서 필연적인 삶을 비유할 때, '빛과 소금'이란 표현이 수식어로 대체된다. 바다는 3.5%의 소금이 화학작용을 통해 모든 것을 살리고 밝히고 따뜻하게 하고 정화시킨다. 소금의 중요성을 모르는 사람은 없을 것이다. 바닷물에서 채취된 소금은 염전의 결정지를 통해 햇볕에 반짝거린다. 소금은 작고 미미한 것일 수도 있지만 이것 없이는 살 수 없는 필수요소이다. 시인은 소금이 만들어지는 과정을 '따갑고도 거친 여정'이라고 인식하고 있다. 험난한 제조 과정을 거친 소금은 귀하고도 눈물겨운 씨앗인 것이다. 눈부신 염전의 바닥에서 일어선 희디흰 바다의 보석을 노래하고 있다.

시인의 감성은 끝없다. 「아내」에서 확인할 수 있다.

따라다니며
밥 먹인다고
푸념하던 며느리

도망가는 손녀 뒤를
밥그릇 들고 쫓아간다

나는 그날
생전의 어머님을 만났다

—「아내」 전문

요즘 아이들은 음식이 풍족해서인지 아니면 뭐든 먹고 싶은 것은 먹을 수 있다는 생각에서인지 밥을 잘 안 먹는 아이들이 많다. 그럴 때마다 어머니, 아이의 할머니는 따라다니며 밥을 떠먹인다. 며느리는 아이 버릇 잘못 가르친다며 못 마땅히 여기지만 그런 어머니를 바라만 볼 수밖에 없다. 할머니 사랑은 다 똑같은가 보다. 눈에 넣어도 아프지 않은 손녀가 버릇이 좀 나빠지면 어떤가? 내 어머니도 그랬고 세상의 어머니도 그랬다. 어머니가 떠먹여 키운 존재가 바로 서정적 자아인 바로 나다. 시인은 손녀를 따라다니며 밥 먹이는 아내의 모습에서 어머니를 본다.

시인은 자신의 삶을 수시로 점검한다. 「멸치」에서 확인할 수 있다.

바람이 살랑 부는
모지포 부두 하역장에는
소금에 찌들어 배배 마른
멸치 한 마리 산다

누군가 하얀 손으로
책장을 넘기고 있을 때
그는 켜켜이 쌓인 짐짝을
온 몸으로 독파했을 것이다

손바닥 마디마디
굵은 쉼표들이 알알이 박히고
미처 다 쓰지 못한
한 줄의 문장이 걸어간다

가만히 있는 생을 흔들어
찌든 향기를 맡고 싶을 때
멸치에게 전화를 걸어 안부를 묻는다

—「멸치」 전문

멸치를 바라보는 시인의 눈이 예사롭지 않다. 한국 최초의 어보인 김려의 『우해이어보』는 멸치를 멸아(鱴兒), 말자어(末子魚)로 표현한다. 정약전의 『자산어보』는 '추어(鯫魚)', '멸어(蔑魚)'라 정리하고 있다. '잡아 올리면 급한 성질 때문에 바로 죽어버린다' 하여 '멸할 멸(滅)'자(字)까지 붙였으니 멸치에 대한 선조들의 시각을 극명하게 보여준다. 『자산어보』에 등장하는 '추어(鯫魚)'라는 이름에도 '변변치 못하다'는 뜻이 있다. 변변치 못한 멸치도 여러 마리가 뭉치면 보물이 된다. 멸치만 한 밑반찬도 없다. 시인은 이런 멸치를 하역장에서 일하는 인부로 의인화하고 있다. 비루한 생을 어필하고 있다. 책장을 넘기는 사람은 아마도 시인일 것이다. 모지포 부두에서 짐짝을 나르고 있는 '그'의 굵은 손가락 마디, 굳은살 박인 손은 고달픈 생을 대변한다. 인간의 내면에서 발현되고 있는 휴머니즘(Humanism)을 엿볼 수 있다. 시인은 향긋한 향기보다 인간미가 나는 찌든 향기에 더 깊은 정감을 갖고 있다.

시인은 생명이 깃든 세상을 응시한다. 「비닐하우스」에서 확인할 수 있다.

> 지나가다가
> 한참을 서서 보았다

하얀 눈 속의 딸기들
빨간 입김을 들이마시며
제 몸의 향기를 한 바구니 담고 있다

한 줄기 양광이 신호를 보내자
일제히 불을 밝히는 꼬마전구들

그들이 아무 일 없이
향기롭게 살고 있는 집

비닐하우스

―「비닐하우스」 전문

시인은 해맑고 순수한 언어로 비닐하우스 안을 읊고 있다. 비닐하우스 안은 탐스런 딸기가 익어 가고 있다. 지나가다가 비닐하우스에서 재배되고 있는 딸기 모습에 반해 발길을 멈춘 걸까? 시인은 잘 익은 딸기가 '한 소쿠리 향기'를 피우고 있는 비닐하우스 농가의 풍경을 노래하고 있다. 새콤달콤한 딸기 향에 침이 고인다. 목가적이고 서정적인 이미지가 알알이 배어나는 문향(文香)을 통해 긍정적인 삶이 넌출진다. 시인의 삶이 그대로 묻어난다. 서민적인 삶 속에서 영혼의 향기를 잃지 않고 살고 있음을 알 수 있다.

연필이 점점 사라지고 있는 현실에서 시인은 뜻밖에

도 연필을 사유하고 있다. 「연필의 자화상」을 통해 확인할 수 있다.

나는 몸의 중심으로 글을 쓴다
그 심이 없다면 죽은 목숨

외발로 걸어왔지만
중심 한 번 잃지 않았다

뾰쪽하고 날카로운 심으로
세상을 운운하다가
여러 번 부러졌다

그저 두루뭉술하게
묵묵히 가는 게 상책

까맣게 타버린 속이 없었던들
오늘의 내가 있었을까

이제, 하얗게 펼쳐진 설원 위에
까만 발자국을 찍으며
먼 길을 가고 싶다

설령 낯선 바람이 불어와
내 발자국을 지운다 해도
나를 외면한 시대를 원망치 않을 것이다

—「연필의 자화상」 전문

연필을 깎아가며 공책에 꾹꾹 눌러쓴 시절이 있었다. 요즘은 연필보다는 샤프펜슬을 선호한다. 어른들은 연필을 거의 쓰지 않는다. 시인은 오래전 연필을 사용했던 시절을 소환하고 있다. 연필의 심으로 중심의 글씨를 쓰는 심지 있는 사람을 떠올린다. 시인의 모습이기도 하다. 중심이 없으면 죽은 목숨과 같다고 일갈한다. 심은 하나 외발이지만 중심을 잃지 않고 꼿꼿하다. 너무 날카로운 성정으로 세상을 바라보다간 부러질 수 있다고 경고한다. 두루뭉술 슬슬하게 살라고 한다. 그래야 평탄한 삶을 살아낼 수 있다며 철학적 사유와 성찰을 하고 있다. 4차 산업 혁명의 시대로 많은 것들이 달라졌다. 예전의 연필은 사라질지도 모를 일이다. 늙고 초라해져서 더 이상 세상이 요구하는 사람으로 살지 못해도 원망하지 않고 받아들인다는 비움의 철학마저 노래하고 있다.

시인은 공허한 사색을 노래한다. 「정류장에서」를 통해 확인할 수 있다.

> 그곳은 늘 사람들로 붐볐다
>
> 갓 생겨난 정류장은
> 이웃 사람들을 불러서
> 서로를 축복해 주었다

내 정류장에도
많은 사람들이 오고 갔다

오래 머물다 간 사람
잠시 왔다가 그냥 간 사람

빈 정류장이 되어버린 사람들이
정류장에 나와서 누굴 기다린다

지금은 아무도 오지 않는
이제 더 보낼 사람도 없다

한 시대를 싣고 떠난
빈 정류장에서 오늘도
기어이 난 누군가를 기다려야 한다

—「정류장에서」 전문

정류장은 한 생의 정류장을 말한다. 한때 북적거렸을 회한의 정거장, 그곳은 많은 사람의 애환이 흔적처럼 남겨 있다. 누군가는 남고 떠나고 이별하기도 하고 해후하기도 하는 곳이기도 하다. 시인은 '인생의 정거장이 비어있다'고 말한다. 이젠 아무도 찾지 않는 퇴물이 되어 간다는 뜻일까? 한 시대가 가고 한 시대가 오면 어쩔 수 없이 밀려날 수밖에 없는 구시대의 사람들, 그러나 포기하지 않고 누군가를 기다리는 시인, 그것은 잃지 않는 열정이고 꿈이 아닐까? 시인은 앞으로의 행보에 무한한 열정의 열매들이 맺기를 갈망한다. 잃어버린 정거장이 아니라 새로운 나만의 정거장을 갖길 바라고 있다. 다 떠나버렸어도 혼자 남았어도 정거장은 황폐하지 않고 무수한 꽃을 피워 댈 것이다.

심장의 언어로 한 시절을 풍미하는 절정의 노래가 양정용 시집『연필의 자화상』이다.

"이 시집은 우리 시대 희망을 노래한 사랑 판타지다. 봄의 왈츠를 수놓고 있다. 봄의 왈츠곡을 켜놓고 중심을 잃지 않는 영혼의 춤을 추고 있다."

문학세계대표작가선 1001

연필의 자화상

양정용 시집

인쇄 1판 1쇄 2023년 10월 13일
발행 1판 1쇄 2023년 10월 20일

지 은 이 : 양정용
펴 낸 이 : 김천우
펴 낸 곳 : 도서출판 천우
등 록 : 1992. 2. 15. 제1-1307호
주 소 : 서울시 성동구 무학봉28길 6 금용빌딩 2F
전 화 : 02)2298-7661
팩 스 : 02)2298-7665
http://cafe.naver.com/chunwu777
E-mail : cw7661@naver.com

값 15,000원

ISBN 978-89-7954-910-2